L'OASIS D'OUARGLA

PAR

Victor ALMAND

CAPITAINE DU GÉNIE

BESANÇON

IMPRIMERIE DODIVERS ET C⁹, GRANDE-RUE, 87

1890

L'OASIS D'OUARGLA

PAR

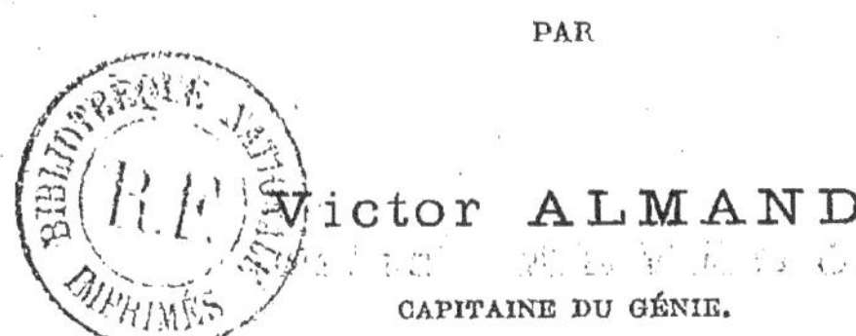

Victor ALMAND

CAPITAINE DU GÉNIE.

BESANÇON

IMPRIMERIE DODIVERS ET Cie, GRANDE-RUE, 87.

—

1890

Extrait des Mémoires de la Société d'Emulation du Doubs. Séance du 13 juillet 1889.

L'OASIS D'OUARGLA

9 novembre 1887....... Il est dix heures ; au bout d'un long couloir bordé de dômes, de cônes, de pyramides, un spectacle éblouissant apparaît à nos yeux. Le bassin d'Ouargla s'étend tout entier devant nous.

Au centre, une masse d'un vert sombre, qui se ramifie dans toutes les directions, est assiégée de tous côtés par des dunes dont les siouf (1) étincellent au soleil ; à gauche, du sable jusqu'aux limites du chott bordé de hauts mamelons ; en face et au-delà de l'oasis, une plaine dont l'horizon se perd dans la brume. Elle est coupée, sur la gauche, par une ligne de hautes dunes blanches, prolongée par une file de gour (2) connus sous le nom d'El Bekrat (3). A droite, une masse énorme, de forme trapézoïdale et de couleur sombre, s'accentue vigoureusement par des arêtes de couleur rose. C'est le Krima, l'ancien *oppidum* de la région, comparé par le colonel Trumelet (4) à « un vaisseau démâté, errant abandonné sur des vagues embrasées qui assaillent ses flancs avec fureur. »

Ce spectacle incomparable nous console de bien des misères, et nous fait envisager avec moins d'appréhension l'hospitalité si redoutée de la reine des sables.

---

(1) *Sif,* pluriel : *Siouf.* Tranchant d'un sabre, arête des hautes dunes.

(2) *Gara,* pluriel : *Gour.* Mamelon souvent conique ; témoin de l'ancien plateau saharien détruit par les érosions.

(3) Les jeunes chamelles.

(4) *Les Français au Sahara,* par le colonel Trumelet.

. . . .
. . . .

Le qsar [1] d'Ouargla a une forme presque circulaire : il est ceint d'un mur de boue haut d'environ 2^m 50 à l'intérieur ; des créneaux nombreux et des tours de flanquement permettent la surveillance des abords. Un fossé autrefois plein d'eau entourait la ville ; ce fossé, devenu un foyer d'infection, a été comblé.

Sept portes donnent accès dans le qsar ; la Bab Solthan, aujourd'hui porte Flatters, a été remaniée et n'est plus qu'une baie dans le rempart : elle s'ouvre sur l'esplanade de la Casbah. Les autres portes consistent toutes en une façon de blockhaus, traversé par un passage fortifié et coudé à angle droit. Des sièges en timchent [2], adossés aux murs, servent dans les chaudes journées de lits de repos aux flâneurs toujours nombreux. Chaque porte est surmontée d'un corps de garde crénelé où l'on accède par des escaliers rudimentaires. Le soir, les portes se ferment à huit heures, et un portier est chargé d'ouvrir aux retardataires.

Toutes ces défenses sont aujourd'hui dans un piteux état : le mur d'enceinte est tellement délabré qu'il ne serait peut-être pas besoin de trompettes comme à Jéricho pour le renverser.

La Casbah, ancien palais des sultans, est un amas de bâtisses ruinées qui abritent tant bien que mal le bureau arabe et les subsistances militaires, en attendant l'achèvement du bordj [3]. C'est contre le mur d'enceinte de la Casbah, sur l'esplanade, qu'on a édifié un monument à la mémoire du colonel Flatters et de ses compagnons. C'est une grande table de marbre, encadrée et hissée sur un piédestal ; elle porte les noms des membres de la mission.

---

(1) Village fortifié de la région saharienne.

(2) Plâtre indigène.

(3) Enceinte fortifiée qui, dans les postes du sud de l'Algérie, renferme tous les services militaires.

De la place de la Casbah, une longue rue droite, bordée de deux couloirs terrassés, conduit au marché ; les troupiers l'appellent la rue des « mille colonnes ». Ces allées couvertes sont constituées par des piliers en plâtre espacés de deux en deux mètres. Chaque pilier supporte un quartier de palmier, un recheb, reposant également sur le mur de la maison voisine : d'autres les recroisent et portent des files jointives de djérids [1] ; sur ces djérids, on a appliqué un mortier de terre et de plâtre formant le sol de la terrasse. Les maisons elles-mêmes ont des terrasses analogues et des murs en terre : elles ne présentent, comme solidité, qu'une garantie relative.

Le marché est un vaste carré, au centre duquel se dresse un divan en timchent ; le pourtour est bordé par une galerie couverte, construite comme les promenoirs de la rue des mille colonnes.

Les marchands ont leurs boutiques sous cette bordure abritée du soleil, pendant que le nomade expose sur la place, qui sa laine, ses dattes ou son orge. Le marché est pauvre et perd, paraît-il, tous les jours de son importance, depuis que les Français occupent le pays. Les autres rues du qsar sont étroites et établies sans souci de l'alignement ; les maisons qui les bordent sont basses et sans autre ouverture extérieure que la porte. Celle-ci a parfois ses montants décorés de moulures en plâtre, et son fronton d'assiettes en faïence, ou simplement de fonds de soupière et de bol, encastrés dans le mur. Autant de tessons, autant de mariages dans la maison.

On trouve encore dans la ville des passages terrassés qui, autrefois, étaient munis de portes. Ils séparaient les trois quartiers habités par les Beni-Sissim, les Beni-Brahim et les Beni-Ouagguin. Quand ces tribus avaient à vider une querelle, on fermait d'abord les portes extérieures par crainte

---

(1) Nervure centrale d'une feuille de palmier.

des nomades ; puis, à l'intérieur, se livraient des combats sanglants qui assuraient à l'une ou à l'autre la suprématie pendant quelque temps.

Deux hautes tours tronconiques, blanchies à la chaux, ce qui, certains jours, les rend invisibles, marquent les deux principales mosquées du qsar et deux rites autrefois rivaux. L'une est malékite ou orthodoxe, l'autre mozabite ou schismatique. Quand le soir, à l'heure du mor'reb (1), le moudden appelle à la prière, le signal doit partir de la tour malékite. Les mosquées n'ont rien de remarquable ; elles se composent, comme au M'zab (2), de salles obscures dont les terrasses sont soutenues par d'énormes piliers en plâtre.

Le qsar est construit sur un sol un peu plus élevé que le niveau moyen du chott (3) qui l'entoure comme un vaste croissant. Ce sol plus élevé se prolonge vers le sud, dans la direction du Krima. L'ancien fossé, aujourd'hui comblé, sert de chemin de ronde entre l'enceinte et les jardins, et donne la seule communication facile du nord au sud.

L'oasis forme autour du qsar comme une couronne coupée en deux suivant un diamètre, par la route de N'Gouça au Nord, et le pâté rocheux où se construit le bordj au Sud. Les jardins sont clos par des murs en terre, entre lesquels courent d'étroits sentiers accessibles seulement aux bourricots. Ces jardins sont en contre-bas des sentiers, et souvent la différence de niveau est de deux à trois mètres, de sorte que l'étroite chaussée devient, par rapport aux jardins voisins, comme une voie aérienne. Cette disposition est amenée par les nécessités de la culture. Un grand nombre de puits jaillissants servent à l'arrosage de l'oasis ; l'eau s'écoule naturellement dans des rigoles qui circulent au pied des palmiers. Si le niveau baisse dans le puits, force est au jardin

---

(1) Coucher du soleil.
(2) Région située au nord-ouest d'Ouargla.
(3) Fond de cuvette où l'on trouve généralement de l'eau saumâtre.

de descendre, car le khrammès (1) aime mieux creuser toute sa vie plutôt que de porter l'eau nécessaire à l'arrosage. Les déblais s'accumulent et exhaussent peu à peu les séparations qui servent à la circulation.

Les puits d'Ouargla ont de 40 à 45 mètres de profondeur et donnent une eau légèrement saumâtre, d'une température moyenne de 23°. Depuis que les forages se font à l'aide de machines par les soins du conquérant, les indigènes n'en creusent plus et les procédés anciens tendent à se perdre.

Un puits se compose de deux parties : l'une coffrée, à travers le terrain d'alluvion, sur une profondeur qui varie de 15 à 30 mètres, suivant la position du puits ; l'autre dans le roc, jusqu'à la nappe souterraine. Le coffrage, fait en rechebs de 3 à 4 mètres de longueur, donne au puits une ouverture carrée de un à deux mètres de côté. Ce coffrage, établi avec le plus grand soin, est calfaté avec de la bourre de palmier, par crainte des infiltrations d'une nappe supérieure magnésienne. Dès qu'on arrive au roc, la section diminue et n'est plus qu'un trou circulaire de 0^{m}70 de diamètre ; le puits se continue ainsi jusqu'à la couche gypseuse qui précède la nappe souterraine. A ce moment, le creusage est terminé ; une masse pesante, fixée au bout d'une corde, sert à perforer le fond, et l'eau arrive avec force pour rattraper une différence de niveau de 40 mètres.

La partie rocheuse qui fait suite aux alluvions se compose généralement de couches plus ou moins épaisses séparées par du sable qui, s'affouillant peu à peu, produit des chambres entre les différents bancs de rocher : de sorte que le puits se compose d'une partie quadrangulaire et d'une succession de poches, réunies par des ouvertures, qui se correspondent jusqu'au fond.

Le puits étant ainsi creusé, vienne un éboulement qui obstrue le trou de communication avec la nappe souterraine,

---

(1) Cultivateur-fermier des oasis.

l'eau ne se renouvelant plus, se corrompt rapidement et on a un puits mort. En cet état, le puits devient une cause d'empoisonnement pour tout ce qui l'entoure ou l'approche : les hommes prennent la fièvre et les palmiers dépérissent. Il faut le revivifier. Une corporation de plongeurs, les retassin, se charge de l'opération. On installe, en travers de l'orifice, deux madriers, de façon qu'une corde descendue entre eux soit dans l'axe du puits ; le retass, vêtu seulement d'un pagne autour des reins, vient s'asseoir sur les traverses à côté du patron qui surveille le travail. Après de fortes aspirations, il se suspend au cable et se laisse couler dans l'eau. Un couffin (1) au bout d'une corde a été préalablement descendu : le retass le remplit ; puis, imprimant une secousse au câble central comme avertissement, il remonte. On le retire dès qu'il émerge et il va s'asseoir, couvert d'un burnous, à côté d'un grand feu, pendant qu'un autre lui succède. Entre temps, on a retiré le couffin plein, on l'a vidé, puis fait redescendre. Le travail ne se fait que de 10 heures à 3 heures, pendant la chaleur du jour. Chaque retass reste sous l'eau de deux à trois minutes, suivant la profondeur du puits et répète jusqu'à six fois son travail par séance. Chacune des plongées est payée une somme minime.

La nécessité a fait inventer des procédés très ingénieux pour la réparation des puits endommagés. On a vu comment se curaient les puits. Si un recheb du coffrage vient à se briser pour une raison quelconque, on a, outre l'éboulement de sable qui se produit, à réparer le coffrage. Dans ce cas, on creuse un fossé autour du puits, d'une profondeur un peu plus grande que celle du niveau de la poutre à remplacer, et on épuise les eaux dans ce fossé, après avoir bouché les ouvertures d'accès de la nappe souterraine, si l'éboulement produit ne l'a pas fait suffisamment. On répare le coffrage à sec, puis on fait le curage. Ces travaux ne sont possibles que

---

(1) Panier tressé en feuilles de palmier.

si la poutre à enlever, est restée au-dessus des couches
rocheuses. Si les passages étroits qui percent ces couches
sont obstrués, le puits est irrémédiablement perdu : il n'y a
qu'à le combler.

Ouargla est dans une cuvette quaternaire reposant sur des
terrains crétacés ; l'eau des puits de la région semble appar-
tenir à une nappe souterraine située à la partie inférieure du
quaternaire.

Il serait très intéressant de rechercher comment les Berbères ont été amenés à creuser ces puits. La tradition locale
prétend que l'oued Mya, qui coulait autrefois à la surface du
sol, est peu à peu descendu dans les profondeurs et qu'aujourd'hui son lit est ce que nous appelons la nappe artésienne.
Serait-ce en cherchant à retrouver leur rivière perdue qu'ils
seraient arrivés à découvrir les puits jaillissants ? Quoi qu'il
en soit, ces puits existent et depuis longtemps, non-seule-
ment à Ouargla, mais dans l'Oued Rhir, à El-Golea, à la
Zaouïa de Temassinin au-delà du grand Erg (1). Ils ne sont
pas non plus localisés dans le Sahara, puisque, dans les temps
anciens, la Bekâa, dans la Cœlésyrie, en possédait beaucoup.
Qui sait si Moïse, au désert de Faran, alors que les Hébreux
pressés par la soif menaçaient de le lapider, en disant avec
assez d'irrévérence : « Le Seigneur est-il au milieu de nous
ou n'y est-il pas ? » ne creusa pas un puits jaillissant dans
une région qu'il connaissait pour y avoir fait paître longtemps
les troupeaux de Jethro, son beau-père ? Si les Berbères sont
des Sémites originaires de la terre de Chanaan ou ont vécu
sous la domination d'une tribu venue de Palestine (2), ils ont
employé les procédés en vigueur chez eux en arrivant dans

---

(1) Désert de sable au sud d'Ouargla.

(2) M. le général WOLFF, dans une étude sur les Imochar (*Mémoires de
la Société d'Emulation du Doubs*, 5e série, 6e volume), dit que ces derniers, venus de Palestine, ont, à une certaine époque, soumis l'Afrique du
Nord. D'après l'éminent général, Massinissa, Juba, Jugurtha appartenaient
à cette race, aujourd'hui reléguée parmi les Touareg du Grand-Désert.

un pays si semblable à celui qu'ils quittaient, ou subi l'influence de leurs maîtres.

Ouargla est un des plus grands établissements des Garamantes, race de couleur noire qui eut une civilisation très avancée. Lors de l'occupation romaine et plus tard de l'invasion des Vandales et autres barbares, des colonies nombreuses de Berbères du Nord, de race blanche, vinrent s'établir dans le pays. Des croisements avec ces derniers et avec les nègres du Soudan ont créé la race d'aujourd'hui, d'un noir mat avec tous les caractères de la race blanche. A ce moment sans doute, et avant les invasions arabes, le pays devait être très prospère. Les Garamantes cultivaient le sol, les Berbères blancs se livraient au commerce : la communication avec le Tidikelt et le Touat était assurée par des puits marquant chaque journée de marche. Aujourd'hui, presque tous ces puits, qui favorisèrent plus tard les rapines des écumeurs du désert, ont été comblés.

Il est fort probable que les Romains, qui avaient des postes très importants au sud de l'Aurès, vinrent à Ouargla et l'imposèrent sans l'occuper. Au viie siècle, Ouargla fit sa soumission aux Arabes sans être envahi par eux ; de nouveaux Berbères vinrent à ce moment s'établir dans le pays. Au viiie siècle, les Kharedjites [1], décimés par le sultan d'Egypte et conduits par l'iman Yacoub, créèrent les qsours, aujourd'hui ruinés, de l'Oued Mya ; ils s'établirent même à Ouargla et semblent y avoir eu bientôt une certaine prépondérance. L'énergie déployée par les nouveaux arrivants, la rapidité de leur installation et leur prospérité extraordinaire, indisposèrent les Beni-Ouargla. A l'aide de l'émir El Mansour, qui gouvernait à Biskra, leurs villes furent saccagées et ils durent, en grand nombre, se réfugier dans le M'zab (1052). De 1185 à 1227, de nouvelles guerres avec les Almohades orthodoxes achevèrent la ruine des Kharedjites. Ceux qui

---

(1) Mozabites actuels.

restèrent à Ouargla se fondirent peu à peu avec les Garamantes du pays. A une certaine époque, Ouargla a des
sultans dépendant de Biskra et devient un des marchés
d'esclaves les plus actifs. Au XVII° siècle, le Maroc lui donne
des chefs, et la légende raconte qu'ils étaient envoyés contre
leur poids d'or. C'est également à cette époque que parurent
les nomades qui choisirent Ouargla pour y établir leurs
quartiers d'hiver. Les compétitions des nouveaux venus,
leur désir de dominer dans l'oasis et la résistance des diffé-
rentes fractions Berbères d'Ouargla, amenèrent rapidement
une décadence complète. Les luttes intestines étaient sans
cesse renouvelées entre les tribus principales du qsar.

En 1851, un aventurier, se faisant passer pour chérif,
s'empara du gouvernement d'Ouargla ; ses expéditions
contre N'Gouça et ses pointes vers le Nord amenèrent
les Français dans la région et peu à peu l'occupation du
pays.

Mohammed ben Abdallah était en 1840 un taleb de la
Zaouïa de Sidi Yacoub, chez les Ouled Sidi Cheick. Plein
d'ambition, il acquit, par une vie d'ascète, une influence telle
sur les populations, que l'aga des Rocel le désigna aux
Français comme pouvant avantageusement faire pied à
l'émir Abd-el-Kader. En 1842, on le nomma kalifa à Tlemcen.
Mohammed espérait mieux ; il devint bientôt une gêne, puis
un danger pour le conquérant. On lui conseilla un voyage à
La Mecque. Il s'y rencontra en 1849 avec Mohammed es
Snouçi, qui l'envoya dans le Souf, puis à Tuggurth pour
prêcher la guerre sainte. En 1850, il vint à Ouargla et fit
tant, par ses allures cauteleuses, qu'on le nomma sultan. Il
prit aussitôt l'offensive contre N'Gouça dont il s'empara en
l'absence d'Abou Hafs, son chef, qui, rendu inquiet par la
puissance subite de son voisin, était venu à Tiaret chercher
des secours.

Un succès contre Tuggurth fit accourir autour du nouveau
chérif tout ce que le Sahara renferme d'aventuriers et de

coupeurs de routes. Battu dans une expédition contre le Nord, il se réfugia dans Laghouat ; ses intrigues amenèrent la prise de cette ville par les Français. Mohammed put fuir et regagner Ouargla. Une expédition fut décidée contre lui et confiée à Si Hamza, un descendant du grand marabout Sidi ech Cheick. Si Hamza, avec des contingents arabes, partit en 1853 ; il était soutenu à distance par une colonne de troupes régulières, destinée autant à protéger le marabout, le cas échéant, qu'à surveiller ses mouvements.

On était, en effet, en présence d'un cas extraordinaire : un marabout vénéré, Si Hamza, combattant pour la France un autre marabout non moins vénéré, Mohammed ben Abdallah prêchant une guerre sainte dont le premier aurait du être un des promoteurs.

Si Hamza occupa successivement N'Gouça et Ouargla puis défit, à quatre journées de l'oasis, au Ghourd bel Ktouta, le chérif en fuite vers le sud.

\ Mohammed ben Abdallah, qui avait pu s'échapper encore, revint à la charge, mais fut presque toujours malheureux, jusqu'en 1861 où le fils de Si Hamza le fit prisonnier.

Aujourd'hui, Ouargla comprend encore les trois tribus des Beni-Sissim, des Beni-Brahim et des Beni-Ouagguin ; ces tribus sont pour les 2/5 Karedjites, le reste est Malékite. Les Beni-Ouagguin ont pour patrons les Saïd-Otbas qui campent au Nord de l'oasis, sur la route de N'Gouça : cette tribu nomade, autrefois alliée aux Turcs, est très fidèle à la France ; Baadj ben Kadour, son caïd actuel, s'empara lui-même de Bou-Choucha, lors de l'insurrection de 1871. Les Saïd-Otbas ont des chevaux, et leurs terrains de parcours sont vers le Nord ; avec leurs clients, ils constituent les Chergui.

Les Beni-Sissim sont alliés aux Chambâa, les Beni-Brahim aux Mekadma ; les Chambâa campent au Sud-Est, les Mekadma au Sud-Ouest, dans des maisonnettes en pisé pareilles à des troncs de pyramide ; les portes de ces maisons ont l'aspect trapézoïdal de celles qui s'ouvrent dans les pylones égyp-

tiens. Ces tribus ont des mahara (1) et peu de chevaux ; elles
sont alliées aux Ouled Sidi Cheick. Elles constituent le parti
hostile à la France ; leurs pâturages sont dans le désert au
Sud et à l'Ouest. Une autre tribu, celle des Beni-Thour, a
son campement au Sud, sur le plateau même où l'on construit le bordj ; ils suivent les Mekadma et constituent, avec
eux et les Chambaa, les R'harbi.

On estime le nombre des palmiers d'Ouargla à 1,200,000,
dont 250,000 à peine aux mains des Ouargli ; le reste est la
propriété des nomades. Les Berbères sont fermiers ou
khrammès, et cultivent les palmiers pour les nomades pro-
priétaires ou les Mozabites de Ghardaïa. L'impôt dû au
gouvernement français étant très considérable, la main-
d'œuvre difficile depuis la suppression de l'esclavage, la
situation des Berbères va en empirant chaque jour et tend
de plus en plus vers le dénuement et la misère.

En dehors des dattes, les jardins d'Ouargla produisent peu
de chose : les arbres fruitiers sont rares ; à peine voit-on
quelques figuiers ou grenadiers. Quant aux légumes, ils sont
de mauvaise qualité, soit que le terrain trop imprégné
de sels se prête peu à leur culture, soit que l'incurie des
Berbères empêche leur réussite. Il fait froid en hiver ; la température descend souvent au-dessous de 0°, ce qui nuit aux
jeunes pousses atteintes au printemps par le vent du Sud qui
souffle dès le mois de mars. Des orges de toute beauté en
février ont été complètement brûlées avant leur maturité. La
culture du coton essayée dans l'oasis ne semble pas devoir
donner des résultats très satisfaisants.

Une excursion autour d'Ouargla, sur les limites du chott,
est des plus intéressantes ; nous la commencerons en repre-
nant la route de Ghardaïa jusqu'à Ba-Mendil.

La route, élevée quelquefois de un mètre au-dessus du
chott, est large et bien entretenue ; elle est bordée à droite

---

(1) Mehari, pl. Mehara, chameaux de course.

et à gauche de fossés profonds presque toujours pleins d'eau.
Cette eau laisse sur ses bords un dépôt blanchâtre de sels
qui fait l'illusion de la neige ou de la glace : on dirait voir
des mares glacées sur les bords et le sol couvert de givre.

Les constructions du fort de Ba-Mendil, élevées sur le
sommet d'une gara allongée le long du chott et haute d'au
moins 40 mètres au-dessus de son niveau, présentent de
loin un aspect fort pittoresque sur le fond rougeâtre de la
falaise Nord-Ouest. Si on fait l'ascension d'une des tours à
étages qui flanquaient le mur d'enceinte en partie démoli, on
a une vue incomparable sur le bassin d'Ouargla. Quelques
palmiers restent seuls des jardins du village de Ba-Mendil
aujourd'hui disparu. En tournant vers le Sud et à une petite
distance du vieux bordj, on trouve une foggara ruinée qui
amenait l'eau des pentes d'un plateau s'étendant en ce
point entre le chott et la falaise de la hamada (1) de l'Ouest
jusqu'à des jardins dont on voit encore les vestiges. Une
foggara consiste en une galerie plus ou moins élevée et souterraine qui réunit les eaux d'un plus ou moins grand nombre
de puits. Ces puits plongent jusqu'à la nappe aquifère
qui se relève sur les pentes parallèlement au niveau du sol.

Ces foggaguir, nombreuses à In-Sahla, ont été établies
par les Garamantes concurremment avec les puits jaillissants.

Plus loin, dans la paroi de la falaise gréseuse, on trouve
quelques cavernes, dont l'une est à étage ; on y accède non
sans peine par une pente assez dure, puis à l'étage par un
escalier intérieur. Les dimensions très restreintes de ces
excavations, faites de main d'homme, indiquent qu'elles n'ont
dû servir que comme abris pour les bergers, et non comme
demeures permanentes.

A hauteur de ces grottes, sur le bord du chott, on rencontre une station de l'âge de pierre. Sur un espace considérable, le sol est couvert de fragments de silex : haches,

---

(1) Hamada, plateau pierreux du Sahara.

flèches, couteaux, se trouvent en grand nombre à fleur du sol, mélangés avec des débris de coquilles d'œufs d'autruche sur lesquelles on a quelquefois tracé des dessins ; elles devaient constituer les récipients destinés à contenir l'eau nécessaire au polissage. Ces ateliers, fréquents autour d'Ouargla et dans tout le Sahara, prouvent que ces régions, aujourd'hui désertes, ont été habitées à une époque reculée, peut-être quand l'oued Mya roulait ses eaux vers le chott Melrir.

Des dunes serrées, mais peu élevées, couvrent le sol jusqu'au Djebel Eubad, d'une part, jusqu'à la gara Krima, d'autre part, qui dresse au Sud-Est sa masse aux reflets cuivrés.

Les ruines de Cedrata sont à deux kilomètres environ à l'Est de la station de l'âge de pierre visitée plus haut ; elles couvrent plusieurs petits mamelons assaillis par le sable. Les constructions, dont le plan est souvent très visible, sont rasées à la surface du sol. On suit longtemps la ligne du rempart, la rue qui le bordait, ainsi qu'un grand nombre de voies intérieures. Sur un des mamelons aux pentes semées de débris, s'ouvrent en contre-bas deux chambres, dont les parois sont ornées de moulures. Le décorateur, après avoir appliqué sur le mur un enduit en plâtre d'environ deux centimètres d'épaisseur, a tracé les dessins avec un couteau avant que l'enduit ait fait prise. L'ouvrier a fait preuve dans son travail d'un sentiment artistique très développé : il y a des panneaux qui contiennent de belles rosaces ; dans les coins, s'ouvrent des niches fort élégantes et décorées avec le meilleur goût.

Les deux chambres dont on voit encore les vestiges sont les restes de la mosquée de Cedrata, édifiée au VIIIᵉ siècle par les Kharedjites chassés de la Tripolitaine et de l'Egypte. On retrouve aujourd'hui comme un souvenir de l'art qui a présidé à ces constructions dans les motifs de décoration actuellement employés au M'zab. On peut voir à El At'f (1),

---

(1) Une des villes de la confédération du M'zab.

dans des maisons neuves, des dessins analogues à ceux de Cédrata.

Toute la région qui s'étend d'ici au Krima devait autrefois être libre de sables ; aujourd'hui tout est couvert de dunes, entre lesquelles se voient encore des vestiges de murs. Le sable des dunes est blanc, d'une ténuité extrême et se met en mouvement au moindre vent. On reconnait plusieurs heures à l'avance l'approche d'une tempête à ce que les dunes « fument ». Toutes leurs arêtes, si nettes par un temps calme, se brouillent et disparaissent comme si une buée s'élevait du sol avant que le vent se fasse sentir d'une façon appréciable.

Les dunes produisent des effets d'optique très remarquables. Que de fois, de Cédrata, entre autres lieux, nous avons cru les voir parcourues par des hommes que nous hélions, tandis que nous n'avions à faire qu'à des corbeaux dont la silhouette était haussée à une taille invraisemblable !

Le Krima est un plateau de calcaire grèseux, dont la surface horizontale peut avoir dix hectares de superficie : sous la table calcaire du sommet, dont la tranche est taillée à pic, se trouvent des couches argileuses à talus assez raides contre lesquelles les dunes montent comme les vagues d'une mer à l'assaut d'une falaise. La hauteur au-dessus de l'oued Mya est d'environ 100 mètres : on accède au sommet par l'Est ; un chemin plus difficile, qui devait être autrefois la voie habituelle, puisqu'elle aboutit à une poterne en plein cintre encore debout sur le bord du plateau, est à l'angle Nord-Est. La partie Nord du plateau est couverte des ruines d'un village : comme à Cédrata, on y distingue fort bien le tracé des rues et des maisons. Un mur d'enceinte longeait le bord du rocher et en rendait l'accès encore plus difficile. Un puits de trois mètres de diamètre est creusé au milieu des ruines : comblé en partie, il devait aller à plus de 100 mètres chercher l'eau au-dessous du niveau du chott. Les matériaux employés aux constructions étaient fort bons, à en juger par ce qu'il en reste. On trouve des blocs d'un mortier très dur formé de plâtre et de gros sable, englobant des moellons de dimensions restreintes et très irréguliers. La poterne d'accès est en pierres d'un bel appareil. Les Kharedjites persécutés ont dû se défendre longtemps sur ce plateau inaccessible, avant de fuir dans le M'zab. De ce point, ils avaient vue sur tous leurs qsour répandus dans le lit de l'oued Mya ; ils surveillaient même l'oasis d'Ouargla, dont les blancs minarets se détachent légers comme une vapeur sur la teinte sombre des palmiers.

Du Krima à Ouargla, il faut faire un long détour à l'Est pour trouver un chemin libre de sables ; on passe au pied du qsar de Rouissat, amas de masures en terre juché sur un monticule et ceint d'une mauvaise muraille. On y voit encore les restes du palais que les Ouargli, dans leur enthousiasme pour leur sultan Mohammed ben Abdallah, construisirent en 1851. Cet amour démesuré se changea brusquemment, deux ans plus tard, en une haine féroce ; le palais fut détruit de fond en comble sous les yeux de Si Hamza, vainqueur du chérif.

C'est à Rouissat qu'est installé l'hôpital militaire dans des constructions indigènes ; ce point a été choisi comme *sanitarium* en attendant l'achèvement du bordj.

Les palmiers des environs de Rouissat sont presque tous « djalis » (isolés) et n'ont pas besoin pour vivre de l'arrosage constant pratiqué dans les jardins d'Ouargla.

De Rouissat, en tournant par l'Est, on rencontre l'Aïn Zaouïa, vaste jardin où des plantations diverses ont été essayées, quelques-unes avec succès. Ce jardin est arrosé par l'eau de deux puits jaillisants voisins, forés tout récemment. Les eaux réunies dans un canal d'évacuation vont se perdre dans la sebkha (1), entre l'oasis d'Ouargla et les jardins de Chott et d'Adjadja.

Des environs de Rouissat jusqu'à la route de N'Gouça

____

(1) Lac peu profond et salé.

s'étend une dépression dont le fond est occupé par une nappe d'eau saumâtre ; son rivage sud est semé de fondrières dangereuses où il est imprudent de s'aventurer.

A l'Est, sur une même ligne, s'étendent les jardins qui commencent à l'Aïn-Beïda, au milieu des tentes des Chambâa bou-Rouba ; Adjadja est complètement caché dans ses palmiers ; Chott, qui est plus au Nord, occupe une clairière ; plus loin encore et un peu à l'Est, dans les dunes, se trouve le village maraboutique de Sidi-Khrouillet. Tous ces villages, dépendances immédiates d'Ouargla, ont la même population de Rouhara ou Berbères noirs.

Si la Heïcha ou cuvette d'Ouargla est bordée vers l'Ouest par une falaise découpée dans la hamada qui s'étend jusqu'au M'zab, vers l'Est la limite est moins accentuée ; une pente très douce conduit par un sol reg (semé de gros sable) jusqu'à la ligne de gour d'El Bekrat. De ce point, la vue s'étend sur une vaste plaine jusqu'à des falaises lointaines qui se perdent dans les brumes de l'horizon. Cette plaine est semée de trous, de dépressions plus ou moins grandes, au fond desquelles se cachent des puits nombreux et ainsi jusqu'à l'Igharghar, dont le cours n'est ici qu'une succession de cuvettes, où les explorateurs retrouvent difficilement aujourd'hui le lit d'une rivière.

Des Bekrat, la vue est superbe : du côté de l'Igharghar, la plaine semée de points verdâtres et coupée de lignes blanches qui brillent au soleil ; au Nord-Ouest, Ouargla dans ses palmiers, et la falaise avec les teintes indéfinissables et si douces que lui donnent les jeux de la lumière.

Entre les jardins de Chott et d'Adjadja et la ligne des gour d'el Bekrat, se dresse une file de hautes dunes que les anciens d'Ouargla disent avoir vu s'augmenter sur place. Les vents régnants de la région ont une résultante dirigée sensiblement sur le Nord magnétique : l'alignement des dunes en est la conséquence, et cette résultante étant souvent très faible, son action, une fois la dune établie, n'en modifie que les contours.

On a discuté longuement sur la mobilité des dunes; on a souvent nié la possibilité du phénomène, sans s'apercevoir que des villes autrefois existantes étaient actuellement sous le sable, que des chemins sont coupés par de hautes dunes, et sans compter avec les dires des nomades qui circulent dans l'Erg et donnent des exemples de cette mobilité. Une étude sérieuse du phénomène, reposant sur des observations sûres et nombreuses peut seule élucider cette intéressante question.

Le chott d'Ouargla se termine au Nord à hauteur de la gara de Mouraneb par un seuil peu élevé, au delà duquel s'étend une nouvelle cuvette couverte de dunes et à l'extrémité de laquelle se trouvent le qsar et l'oasis de N'Gouça. Il y a environ vingt kilomètres d'Ouargla, que l'on peut faire en trois heures de cheval par le medjebed (1) qui longe la rive droite de l'oued Mya.

N'Gouça présente actuellement l'aspect qu'Ouargla devait avoir il y a vingt ans. Un fossé plein d'eau croupissante entoure la ville ; des ponts, en face de chaque porte, permettent l'entrée du qsar ; des rues étroites avec des arceaux qui les traversent et sous lesquels un cavalier peut à peine passer ; de grands quartiers ruinés.

N'Gouça est gouverné par les Oulad-Babia, race noire énergique et ambitieuse. Cheick Mohammed ben Babia sut même, en 1780, imposer un tribut à Ouargla; la suprématie du qsar dura jusqu'en 1820. Depuis cette date jusqu'en 1852, des tragédies sanglantes se déroulèrent dans le palais des Babia et amenèrent une rapide décadence. Sid el Hadj Ahmed ben Babia, qui avait usurpé le pouvoir, fit alliance en 1849 avec les Français et amena, en dénonçant les intrigues du nouveau sultan d'Ouargla, Mohammed ben Abdallah, les vainqueurs de l'Algérie à jeter les yeux sur ces régions lointaines, où des ambitions démesurées s'agitaient avec tant de violence que

----

(1) Piste qui conduit d'un qsar au voisin.

le bruit en arrivait jusque dans le Nord. Aujourd'hui, le
descendant des Babia, un noir grisonnant d'assez belle appa-
rence, offre le café aux visiteurs de son qsar ruiné, entre des
sacs de dattes et des guirlandes de piments rouges.

Dans un livre bien intéressant et où il raconte la conquête
du pays par Si Hamza, M. le colonel Trumelét dit qu'Ouargla
« c'est la vieille cour des miracles avec tout son dégoûtant
personnel de malingreux et de crasseuses ribaudes ». Que
d'horribles vieilles, on y rencontre en effet, assises dans les
carrefours ou les impasses, à l'ombre des murs auxquels
elles s'adossent! Vêtues de loques invraisemblables, couvertes d'essaims de mouches, elles filent leur fuseau en
jacassant. Il s'échappe de ces groupes aux cheveux enduits
de beurre rance une odeur effroyable, que l'odorat du Français n'acceptera jamais. Les hommes sont souvent malingres
et aveugles. Les enfants, en revanche, sont charmants et très
intelligents. On les voit sur d'infimes bourricots se livrer à
des courses simulant la fantasia qu'ils admirent parfois chez
les nomades. Les petites filles sont fort gentilles : il faut sur-
tout les voir aux fêtes d'un mariage ; rien n'est gracieux
comme les mouvements qu'elles exécutent. Serrées coude à
coude, et sur plusieurs lignes, les mains jointes, elles
dansent au son de la rhaïta (1) et du tambour ; un balance-
ment à peine sensible des hanches correspond à un mouvement en avant de quelques centimètres ; elles chantent en
même temps des litanies en l'honneur de la mariée. Toutes
ces petites figures noires sont encadrées par une chevelure
divisée en une multitude de nattes minuscules : les unes ont
des fleurs naturelles dans les cheveux ou passées sur les
oreilles ; les autres en ont de peintes sur leurs bandeaux
lissés au beurre et simulent ainsi des fleurs artificielles.
Toutes sont vêtues de gandouras rouges et d'écharpes vio-
lettes qu'on ne sort que les jours de grande fête. Les mères,

---

(1) Flûte arabe.

portant la marmaille trop jeune, suivent des yeux leurs fillettes et réparent les toilettes fripées. Toutes ces femmes, encore jeunes, sont déjà affreuses et contrastent avec la troupe joyeuse de beaux enfants qui les entoure.

Y aura-t-il un relèvement pour ces populations autrefois si florissantes et aujourd'hui si dégénérées ? Un avenir prochain le montrera, quand, sous l'égide de la France qui s'installe solidement au milieu d'elles, elles auront retrouvé une sécurité qui leur a souvent manqué et une autorité pour maintenir en respect les compétitions trop ardentes des partis.

Baume-les-Dames, le 18 juin 1889.

Besançon, imprimerie Dodivers.

9 782019 963194